So geht's:

Das Beispiel zeigt, wie du mit miniLÜK spielst. Die Übung findest du auf den Seiten 2 und 3.

Öffne das miniLÜK®-Kontrollgerät und lege den durchsichtigen Boden des Kontrollgerätes auf die untere Übungsseite deines miniLÜK-Heftes.

Nimm Plättchen 1. und sieh dir Aufgabe 1. an.
Hier siehst du eine Eule. Suche nun das Reimwort zu Eule auf der unteren Seite. Es lautet Beule.
Lege dann das Plättchen 1. mit der Ziffer nach oben auf das Bild mit der Beule auf der unteren Seite.

So spielst du weiter, bis alle 12 Plättchen auf dem durchsichtigen Teil des Kontrollgerätes liegen und keine Bilder mehr zu sehen sind.
Dann schließt du das Kontrollgerät und drehst es um. Wenn du das bei der Übung abgebildete Muster siehst, hast du alles richtig gemacht.

Passen einige Plättchen nicht in das Muster, löst du diese Übungen noch einmal.

Stimmt es jetzt?
Dann nun viel Spaß!

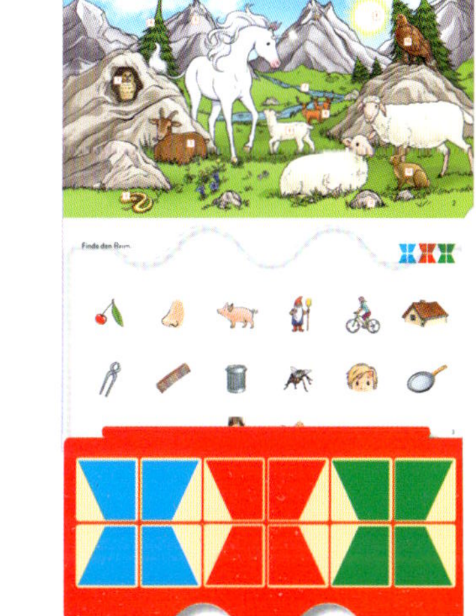

AF533794

1
2
3
4
5
6
7
8
9
10
11
12

Finde den Reim.

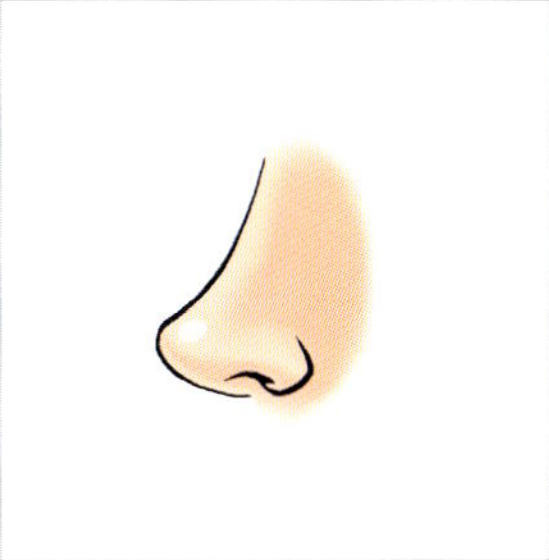

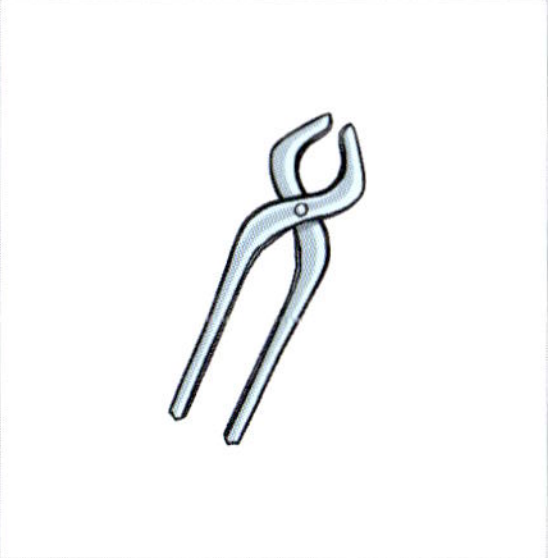

1
A
2
B
3
I
4
H
5
L
6
W
7
O
8
Z
9
U
10
T
11
E
12
G

Welches Wort passt nicht dazu? Achte auf den ersten Laut.

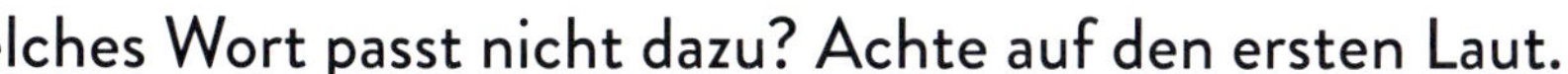

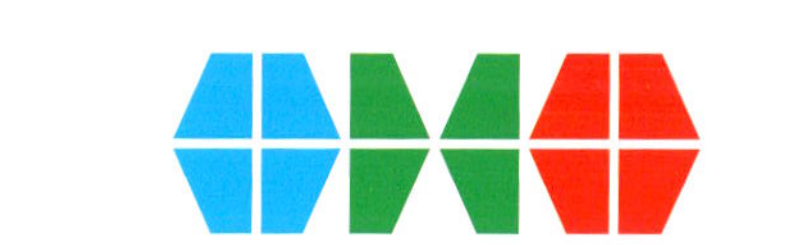

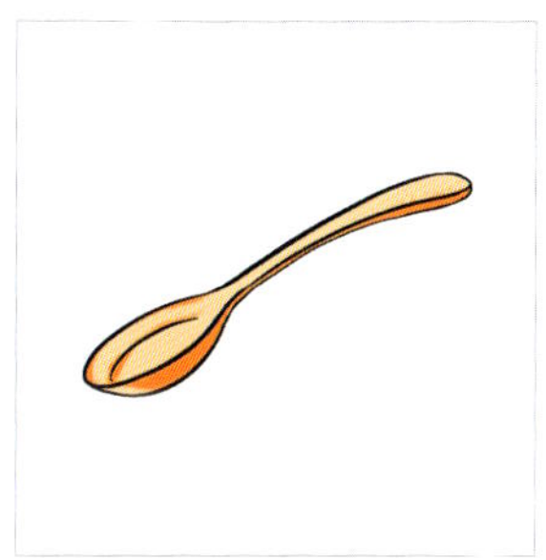

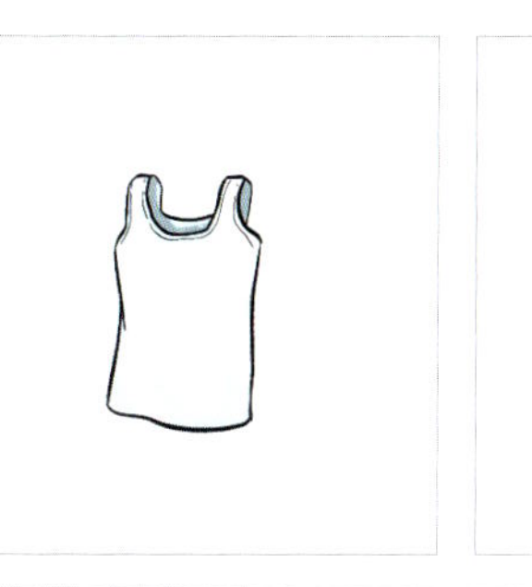

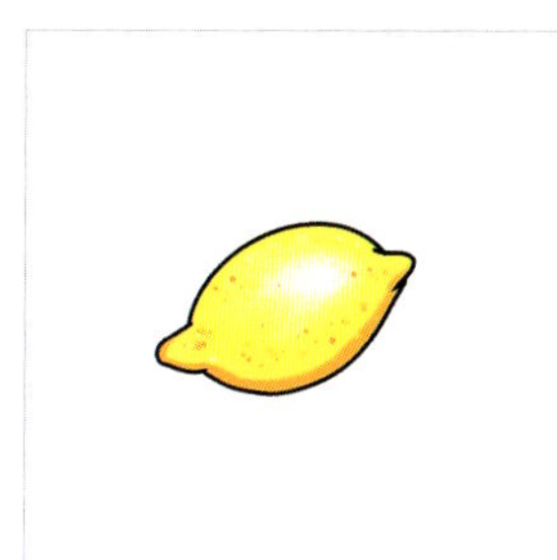

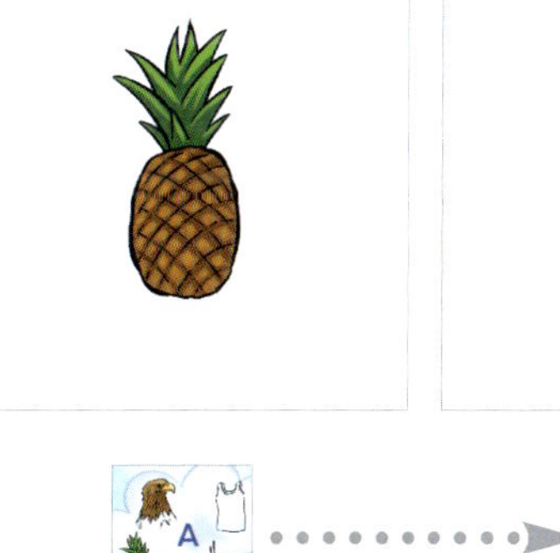

1
2
3
4
5
6
7
9
10
11
12

Was beginnt mit dem gleichen Laut?

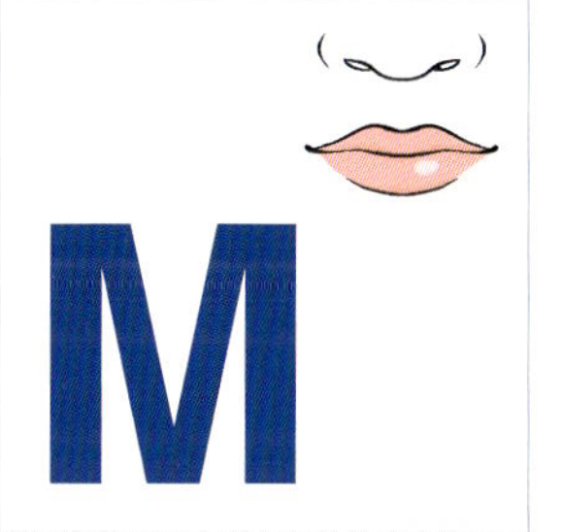

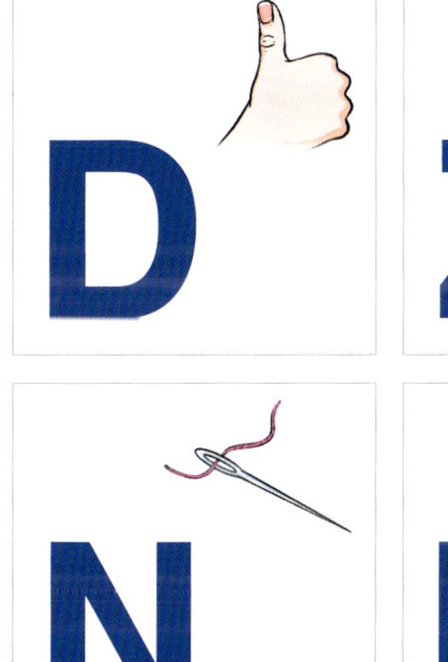

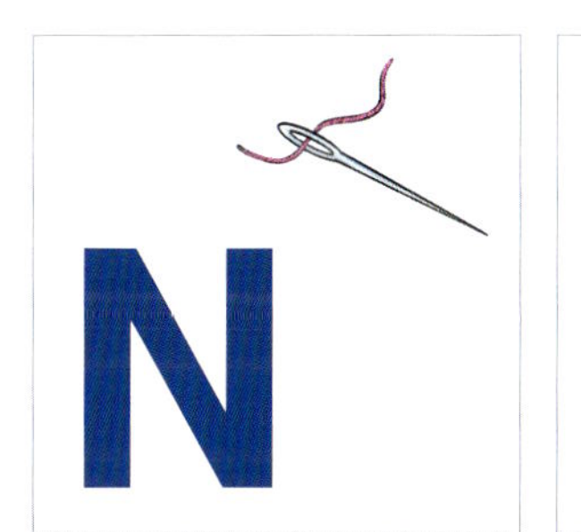

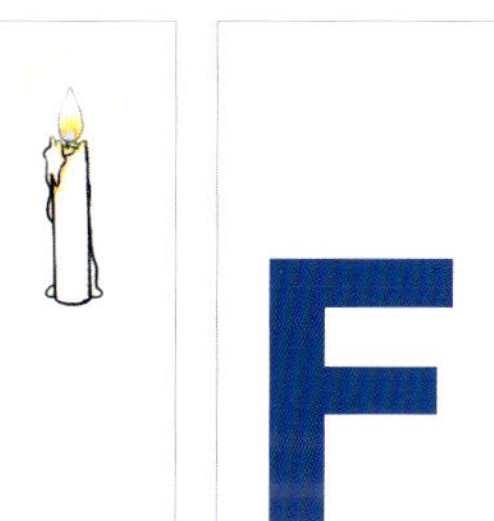

1
2
3
4
5
6
7
8
9
10
11
12

Wie beginnt das Wort?

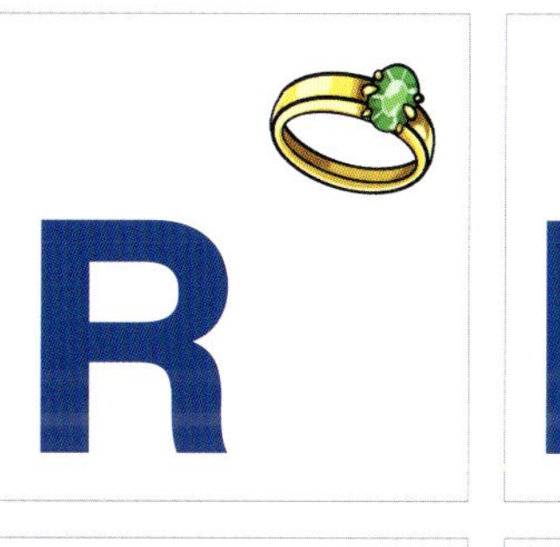

T

H

Z

U

1
2
3
4
5
6
7
8
9
10
11
12

Mit welchem Buchstaben beginnt das Wort? X

I	G	L	N	U	P
S	H	Z	W	D	E

→ L

1
2
3
4
5
6
7
8
9
10
11
12

Mit welchem Buchstaben beginnt das Wort? X

B	H	N	L	T	A
K	F	M	S	O	R

→ K

1
A
B
b
2
D
3
E
4
F
5
G
6
H
I
i
K
k
L
l
M
m
7
N
O
o
8
P
9
R
S
s
10
T
U
u
11
W
12
Z

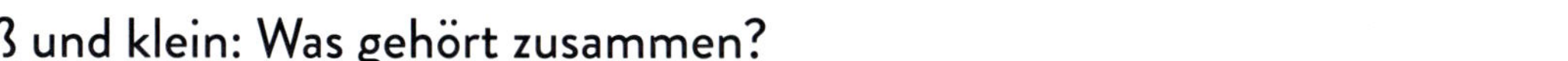

Groß und klein: Was gehört zusammen?

z	p	n	t	g	w
h	d	f	a	e	r

A → a

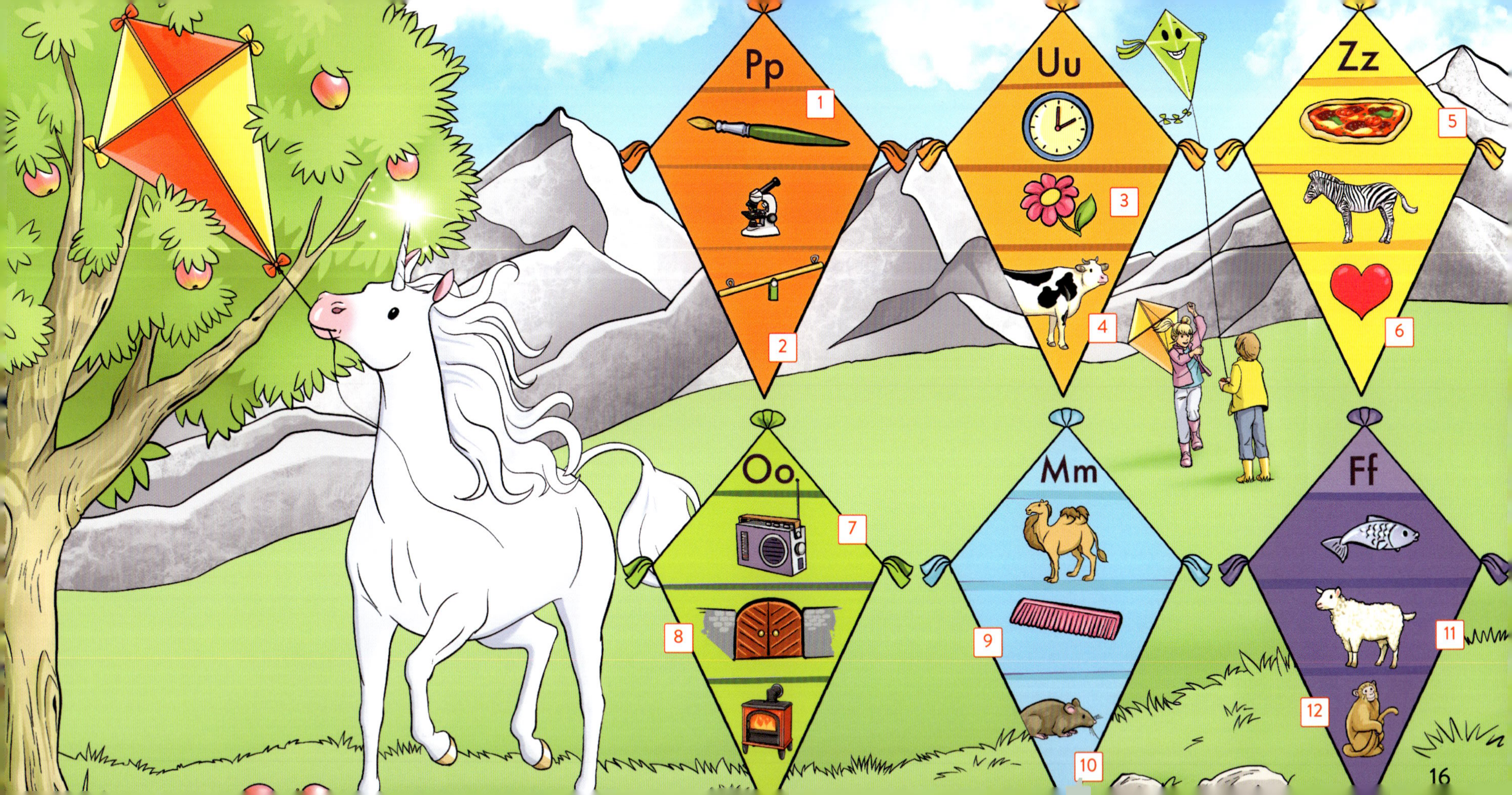
Pp
1
2
Uu
3
4
Zz
5
6
Oo
7
8
Mm
9
10
Ff
11
12

Wo hörst du den Laut? Vorn, hinten oder in der Mitte?

□ □ X	□ X □	□ X □	□ □ X	X □ □	□ □ X
□ □ X	□ X □	□ X □	□ X □	X □ □	□ □ X

Pp → X □ □

1
2
3
4
5
6
7
8
9
10
11
12

Welches Wort endet genauso?

☐ ☐ ☒

k 	z 	u 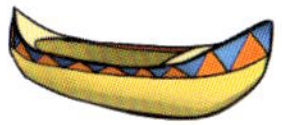	n 	e 	l 
f 	t 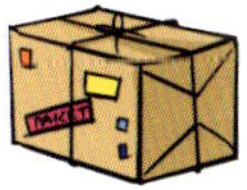	i 	m 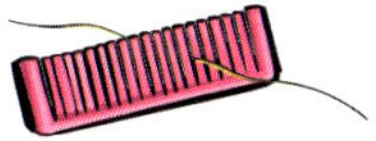	r 	s 

z

1
Pizz
2
Ige
3
Sal
4
Bro
5
Radi
6
Zah
7
Kiw
8
To
9
Has
10
Tur
11
Ban
12
Bu

Mit welchem Buchstaben endet das Wort?

n	r	k	o	i	a
s	l	e	z	t	m

Pizz… → a

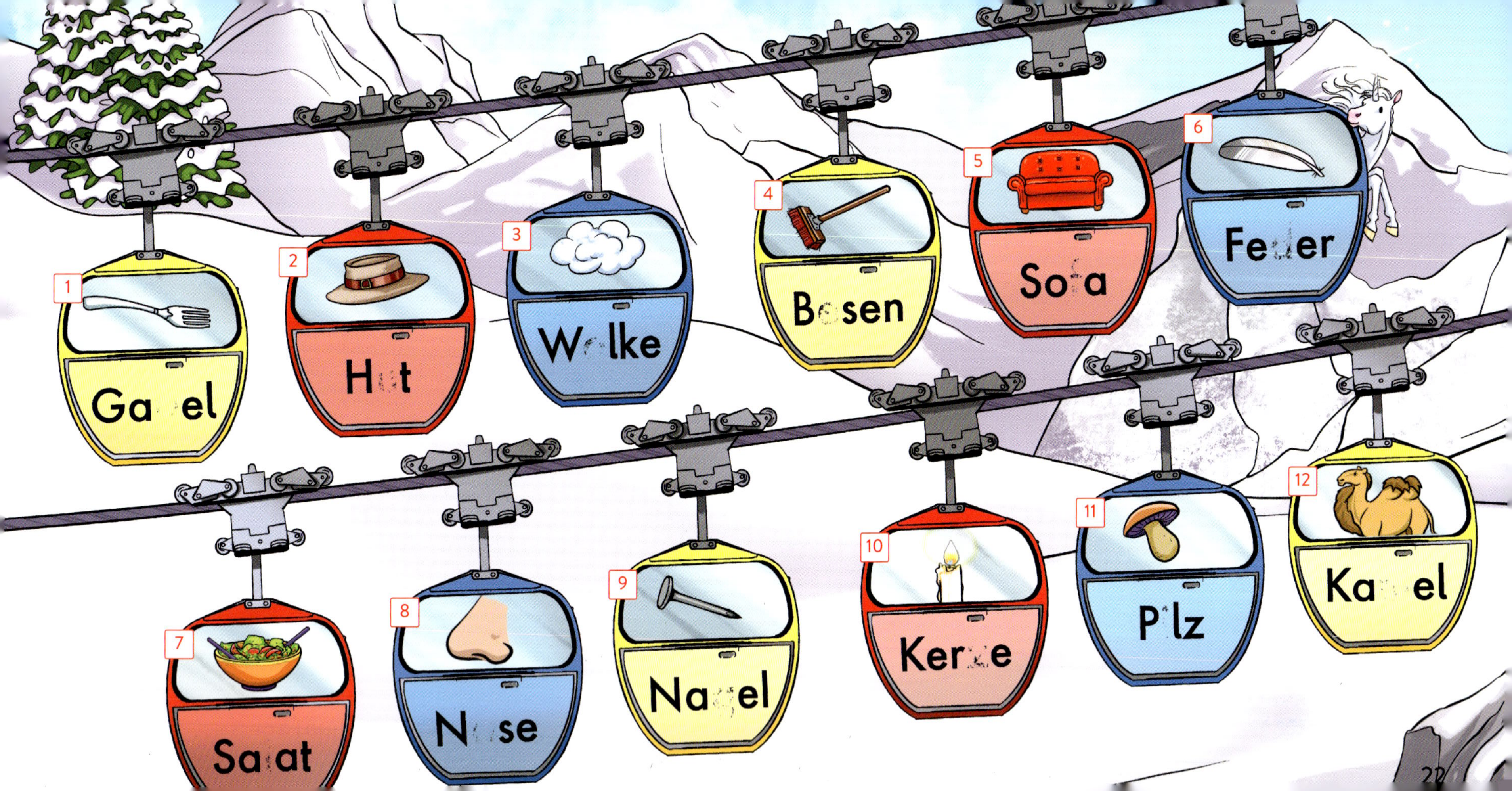
1
Ga el
2
H t
3
W lke
4
B sen
5
So a
6
Fe er
7
Sa at
8
N se
9
Na el
10
Ker e
11
P lz
12
Ka el

Welcher Buchstabe fehlt? | | X | |

u	d	e	b	g	o
a	m	l	z	i	f

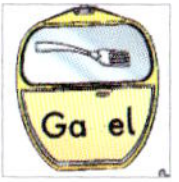

Ga el → b

1
Zitro_e
2
Ano_ak
3
B_tt
4
B_ll
5
Ha_e
6
Wi__e
7
Fo_o
8
T_r
9
T_ger
10
B_s
11
12
Ra_ete

Finde die fehlenden Buchstaben.

1 Wal
2 Lineal
3 Regal
4 Herz
5 Tiger
6 Tomate
7 Zitrone
8 Kerze
9 Gabel
10 Heft
11 Zebra
12 Paket

Wal

1
2
3
4
5
6
7
8
9
10
11
12